글 이용규, 한상호
그림 EBS, 올리브 스튜디오, 드림써치 C&C

차례

01 점박이가 태어났어요! 007

02 형, 누나를 도와줘! 015

03 두근두근 설레는 첫 사냥 025

04 점박이의 홀로서기 037

05 푸른눈과의 첫 만남 049

06 덤벼라, 애꾸눈! 061

07 드디어 복수의 기회가 찾아오다 075

08 푸른눈, 조심해! 093

09 새로운 희망을 찾아서 109

01

점박이가 태어났어요!

"이제 이 속에서 나갈래."

아기 공룡은 알 속에서 한껏 몸을 폈어요. 요리조리 몸을 움직이고 싶었지요. 자꾸자꾸 몸을 들썩이자 쩍, 알껍데기에 금이 가기 시작했어요. 금이 간 틈으로 달빛이 흘러들었어요.

아기 공룡은 머리로 껍데기를 더욱더 밀어댔어요. 쩍, 쩍, 쩌억…, 드디어 껍데기가 깨졌어요. 아기 공룡은 고개를 들어 하늘을 올려다보았어요. 노랗게 빛나는 달이 웃는 듯해서 아기 공룡도 씨익 웃었어요.

아기 공룡은 살금살금 껍데기 속에서 나오며 두리번거렸어요. 그러다 커다란 공룡과 눈이 딱 마주쳤어요. 엄마였어요. 냄새와 느낌으로 아기 공룡은 알 수 있었지요. 아기 공룡은 엄마 곁으로 다가갔어요. 엄마는 긴 혀로 아기 공룡의 몸을 닦아 주었지요.

엄마는 아기 공룡에게 점박이라는 이름을 붙여 주었어요. 달빛이 무늬를 만들었는지 아기 공룡 얼굴에 점이 가득했거든요. 점박이! 아기 공룡은 자기 이름이 마음에 꼭 들었어요.

점박이가 태어난 지 어느덧 일 년이 되었어요. 점박이는 키가 벌써 1.5미터나 자랐지요. 점박이 가족은 타르보사우루스로, 이 숲 최고의 사냥꾼이에요. 점박이에겐 열 살 된 형과 여섯 살 된 쌍둥이 누나들이 있어요. 모두 용감하고 멋진 사냥꾼들이지요. 점박이는 형, 누나들처럼 사냥에 나서고 싶었어요. 하지만 사냥을 나가기엔 아직 작고 어렸지요. 그런데도 점박이는 자꾸만 엄마를 졸랐어요.

"엄마, 제발 나도 사냥에 끼워 줘요."

엄마는 안 된다며 점박이에게 멀리서 구경만 하라고 했어요. 엄마는 형과 누나들만 데리고 산등성이 아래로 내려갔어요. 드넓은 풀밭이 펼쳐진 그곳엔 수백 마리의 카로노사우루스가 나뭇잎을 뜯어 먹고 있었지요.

몰이꾼 역할을 맡은 형은 카로노사우루스를 향해 살금살금 다가갔어요. 카로노사우루스 경계병이 주위를 살피고 있었지만, 몇 걸음 가다가 몸을 낮추고 다시 몇 걸음 나아가는 형을 보지 못했어요.

"형, 잘한다!"

점박이는 산등성이 위에서 형을 지켜보며 응원했어요.

잠시 뒤, 형은 무리로부터 떨어져 있는 카로노사우루스 세 마리를 향해 빠르게 달려 나갔어요. 녀석들은 놀라서 도망치기 시작했지요. 카로노사우루스 경계병이 꽥꽥 소리를 질렀어요.

그러자 모든 카로노사우루스가 한꺼번에 소리를 질러대며 형을 바라보았어요. 그리고 서로 달아나느라 부딪히고 넘어지고 난리가 났지요.

"멋지다, 형!"

점박이는 좋아서 폴짝폴짝 뛰었어요. 점박이는 형이 너무 부러웠어요. 어서 빨리 커서 형처럼 멋진 몰이꾼이 되고 싶었어요.

형은 카로노사우루스 무리의 난리에도 아랑곳없이 침착하게 카로노사우루스 세 마리를 몰아갔어요. 쫓기는 카로노사우루스 세 마리는 자기 무리로 돌아가려고 애를 썼어요. 하지만 형이 그냥 두고 볼 리가 없지요. 그 녀석들을 무리와 반대 방향으로 계속 몰았어요.

내달리는 카로노사우루스 세 마리를 이번에는 나무 뒤에 숨어 있던 누나들이 가로막았어요.

"바로 그거야!"

점박이는 형과 누나들의 협공 작전을 보며 감탄했어요.

점박이가 태어났어요! 011

형과 누나들은 카로노사우루스 세 마리를 뒤에서 바짝 몰아갔어요. 녀석들은 형과 누나들을 피해 숲 쪽으로 방향을 틀었어요. 그런데 녀석들이 숲 쪽으로 들어서자마자 숨어 있던 엄마가 튀어나왔어요.

"크악!"

엄마는 맨 앞에 달려온 녀석의 목덜미를 덥석 물었어요. 두 녀석은 그 사이에 도망쳤지요. 하지만 엄마는 카로노사우루스 한 마리의 목을 물고 놓아주지 않았어요.

형과 누나들은 엄마 곁으로 달려갔어요.

"작전 성공!"

점박이는 기뻐서 크게 소리 지르며 엄마에게 달려갔어요.

엄마는 다리 한 짝을 카로노사우루스의 등에 올려놓고 크게 소리를 질렀어요.

"크아악!"

그것은 승리의 함성이었어요. 형과 누나들도 함께 함성을 질렀어요. 점박이도 힘껏 소리를 질러 보았어요. 점박이 가족이 지르는 소리가 온 숲 속에 쩌렁쩌렁 울렸지요. 타르보사우루스 점박이 가족은 숲의 제왕답게 그 기세를 마음껏 뽐냈어요.

그런데 누구일까요? 멀리서 점박이 가족의 사냥 모습을 지켜보는 공룡 한 마리가 있었어요. 점박이 가족과 같은 타르보사우루스는 아니지만, 몸집이 크고 사나워 보였어요. 한쪽 눈을 다친 그 애꾸눈 공룡은 점박이 가족을 노려보며 발톱으로 바위를 힘주어 긁었어요.

"흥, 제법이군. 내가 곧 상대해 주마."

애꾸눈 공룡은 으르렁대더니 숲으로 사라졌어요.

따사로운 햇볕이 내리쬐는 한낮이었어요. 점박이네 가족은 둥지에 모여 있었어요. 먹이를 실컷 먹은 뒤라 엄마는 졸음이 몰려오는지 눈을 감았어요.

엄마의 벌어진 입속으로 작은 익룡들이 날아와 고개를 들이밀고 이빨 사이에 낀 고기 찌꺼기를 쪼아 먹었지요. 엄마 옆에 누워 있던 형도 어느새 잠이 들었어요.

누나들과 점박이는 둥지 한쪽에서 뛰놀았어요. 큰누나가 큼지막한 뼈다귀를 덥석 물었어요. 마치 사냥하듯이요. 그러자 작은누나가 달려들어 뼈다귀 끝을 물어 당겼지요. 뼈다귀를 빼앗아 문 작은누나는 고개를 한껏 젖히고 머리를 흔들었어요. 그리고 뼈다귀를 바닥에 내려놓고, 거기에 한 발을 올려놓았어요.

"크아악!"

엄마가 사냥감을 잡고 멋지게 소리치던 모습을 흉내 내는 거였

어요. 점박이도 누나처럼 해 보고 싶었지요.

점박이는 누나들 틈에 끼어들어 뼈다귀를 물려고 했어요. 누나들은 뼈다귀를 빼앗기지 않으려고 점박이를 밀쳤어요.

점박이는 넘어지고 말았지요.

"쳇, 치사한 누나들. 자기들끼리만 놀고."

점박이는 심통이 나서 누나들에게 으르렁거렸어요.

"엄마한테 뼈다귀를 빼앗아달라고 해야지."

점박이는 엄마 곁으로 다가갔어요.

"엄마."

점박이는 속삭이듯 엄마를 불렀어요. 점박이가 몸을 부비며 엄마를 불러도 엄마의 눈꺼풀은 올라가지 않았어요. 엄마는 귀찮다는 듯 점박이를 슬쩍 밀고, 형은 돌아눕는 척하며 점박이를 눌렀어요.

"캑캑, 살려 줘!"

점박이는 형에게 눌려 낑낑댔어요. 간신히 빠져나온 점박이는 형 주둥이를 꽉 물었어요. 형은 으르렁대며 재빨리 일어났어요.

"으악, 형! 용서해 줘."

그러나 형은 점박이를 혼내기는커녕 누나들의 뼈다귀를 빼앗아 점박이에게 주었어요. 점박이는 뼈다귀를 갖게 돼서 너무 기뻤어요.

점박이는 뼈다귀를 물고 숲으로 들어가 여기저기를 살피기 시작했어요. 처음 보는 것도 많고 알고 싶은 것도 많았어요.

"어, 뭐지? 고사리 밭이 흔들리네."

점박이는 고사리 밭을 들여다보았어요. 거기엔 작은 레페노마무스 새끼 한 마리가 웅크리고 있었어요.

"오호, 털이 북슬북슬한 레페노마무스군. 알에서 깨지 않고 엄마 몸에서 태어난다는 신기한 녀석이네."

점박이는 코를 킁킁대며 녀석에게 다가갔어요. 새끼 레페노마무스는 벌벌 떨었지요.

"멋지게 사냥을 해 볼까?"

점박이는 뼈다귀를 뱉고 새끼 레페노마무스를 쫓았어요. 그때 뒤에서 무슨 소리가 났어요. 점박이는 뒤를 돌아보았어요.

"저 녀석의 부모인가 봐."

레페노마무스 두 마리가 점박이를 향해 이빨을 드러냈어요. 그 이빨은 날카로워 보였어요.

"쳇, 그까짓 이빨을 두려워할 내가 아니야. 난 타르보사우루스니까."

점박이는 그들을 노려보았어요. 레페노마무스 새끼는 그 틈에 재빨리 부모 뒤로 가서 숨었어요. 엄마 레페노마무스는 새끼를 데리고 땅굴 속으로 들어갔어요. 점박이는 그들을 따라가 땅굴

입구를 살폈지요. 냄새도 맡아 보았고요. 아빠 레페노마무스는 굴을 지키려고 점박이를 향해 계속 찍찍댔어요.

  그때 점박이는 문득 멀리 있는 나무들이 흔들리는 것을 보았어요. 새로운 호기심이 생긴 점박이는 그쪽으로 다가갔어요. 수컷 레페노마무스는 이때다 하고 굴속으로 쏙 도망쳤지요.

  점박이가 다가갈수록 나무들이 더 세게 흔들렸어요. 나무 뒤에는 아주 덩치 큰 테리지노사우루스가 있었지요.

  테리지노사우루스는 삼지창 같은 발톱으로 자갈을 끌어모았어

요. 그리고 그 자갈을 꿀꺽꿀꺽 삼켰지요.

"먹이를 소화시키려고 자갈을 먹는다는 테리지노사우루스군."

점박이는 그동안 누나들과 형에게 말로만 듣던 동물들을 실제로 보니 너무 신기했어요. 점박이는 테리지노사우루스에게 점점 더 가까이 다가갔어요. 그러다가 그만 나무줄기를 건드렸지요.

그 소리에 테리지노사우루스가 점박이를 휙 돌아보았어요. 덩치 큰 테리지노사우루스는 삼지창 같은 발톱을 곤추 세우고 점박이를 노려보았어요. 점박이는 겁이 덜컥 났어요.

'도망쳐야 해.'

생각을 하면서도 점박이는 땅에서 발을 뗄 수가 없었어요. 테리지노사우루스는 발톱을 휘두르며 점박이에게 다가왔어요. 점박이의 몸통만 한 긴 발톱이 점박이의 얼굴로 내리꽂히고 있었어요.

점박이는 무서워서 눈을 감았어요. 바로 그때 쿵 하는 소리가 나며 아주 커다란 동물이 넘어지는 소리가 났어요.

"어떻게 된 거지?"

점박이는 한쪽 눈을 간신히 뜨고 소리가 난 곳을 보았어요. 형이었어요. 형이 테리지노사우루스를 밀쳐 낸 거였지요.

"형!"

점박이는 이제 살았구나 하는 생각을 했어요. 점박이한테 다가오며 화가 나서 소리치는 테리지노사우루스를 형이 막아 냈어요.

뒤이어 누나들도 달려와 테리지노사우루스에게 소리를 질렀어요. 테리지노사우루스가 누나들을 돌아보느라 멈칫하는 사이에 점박이와 형은 달아났어요. 쿵쿵쿵쿵, 땅이 울리도록 뛰었지요. 누나들도 뒤따라 달렸고요. 테리지노사우루스는 허공을 향해 긴 발톱을 휘두르며 괴성을 질렀어요.

"휴~, 아직도 쫓아오나?"

한참을 달리던 점박이는 뒤를 돌아보았어요. 그러다가 그만 나무뿌리에 걸려 넘어지고 말았어요.

"아이코."

그때 또 테리지노사우루스의 울부짖음이 들렸어요.

"아이, 무서워. 형, 누나, 같이 가."

점박이는 부지런히 달리면서 생각했어요.

'테리지노사우루스는 성질이 나빠. 발톱도 너무 무섭고. 절대로 건드리지 말아야지.'

바위에 기대어 졸고 있던 애꾸눈은 땅을 뒤흔드는 뜀박질 소리와 테리지노사우루스가 울부짖는 소리에 눈을 떴어요. 그리고 천천히 몸을 일으켜 절벽 밑을 내려다보았지요. 애꾸눈은 그들을 노려보았어요.

"점박이와 그 형과 누나들이군."

애꾸눈은 먼 곳에서 한 달 전쯤 이곳으로 다시 돌아온 티라노사우루스예요. 점박이 남매를 노려보던 애꾸눈은 문득 쓰라린 옛 기억을 떠올렸어요. 이 숲에서 쫓겨나던 그때를요.

애꾸눈은 타르보사우루스 가족의 숲을 빼앗으려고 점박이 엄마한테 덤볐지요. 하지만 한쪽 눈만 잃고 도망갈 수밖에 없었어요. 애꾸눈은 발톱에 힘을 주며 으르렁댔어요.

"타르보사우루스 녀석들, 너희가 이곳에서 뛰놀 날이 이제 얼마 남지 않았다. 이번에는 꼭 너희를 몰아내고 내가 이곳의 주인이 될 테니까."

03 두근두근 설레는 첫 사냥

"야호! 나도 이젠 사냥할 수 있다."

드디어 엄마가 점박이에게 사냥에 끼어도 좋다고 허락했어요. 사실 점박이가 하도 졸라대서 엄마가 지고 만 거예요. 점박이는 좋아서 촐싹대며 가족과 함께 사냥에 나섰어요.

"나는 용감한 점박이! 멋지게 사냥할 거야. 목을 한입에 덥석 물어 주마."

점박이가 신 나서 꼬리를 흔들며 소리쳤어요. 그러자 형이 조용히 하라며 점박이를 툭툭 쳤어요. 하지만 점박이는 더 크게 소리를 질렀지요. 점박이의 소리는 멀리 퍼져 나갔어요.

그 소리는 안킬로사우루스를 사냥한 애꾸눈에게도 들렸어요. 애꾸눈은 찬찬히 주변을 살폈지요. 멀리 점박이 가족이 보였어요.

"친절하군, 나에게 가는 길을 알려 주다니."

애꾸눈은 눈을 빛내며 웃었어요.

점박이 가족은 어느덧 좁은 골짜기를 내려가 드넓은 초원에 이르렀어요. 이번에도 사냥 작전은 같았어요. 누나들이 강가 벼랑 쪽에서 기다리다가 도망치는 녀석들의 길을 막는 거였지요.

엄마는 바위 뒤에 숨어 있다가 녀석들을 공격하는 거였고요. 다만 다른 점은 형이 맡았던 몰이꾼 역할을 형과 점박이가 함께하는 거였어요.

"형 말을 잘 들어야 한다."

"엄마, 내가 얼마나 잘하나 지켜보세요."

엄마의 말에 점박이는 자신만만하게 대답했지요.

점박이와 형은 친타오사우루스가 모여 있는 곳으로 발걸음을 옮겼어요. 형이 몸을 낮추면 점박이도 따라 낮추고, 형이 멈추면 점박이도 멈췄어요. 형은 찬찬히 친타오사우루스 무리를 살폈어요. 하지만 점박이는 빨리 공격하고 싶어서 몸이 근질거렸어요.

형이 물을 먹고 있는 친타오사우루스 몇 마리를 바라보았어요. 그 녀석들은 무리로부터 떨어져 있었지요.

"흥! 내가 형보다 잘할 수 있다는 걸 보여 주고 말테야."

점박이는 형이 정한 목표물을 향해 냅다 뛰었어요. 형의 명령도 받지 않고 말이에요. 형이 돌아오라고 소리쳤지만 점박이는 못 들은 척 계속 달려 나갔어요.

물을 먹던 친타오사우루스들이 달려오는 점박이를 보았어요. 하지만 친타오사우루스들은 당황하지 않고 오히려 몸집이 작은 점박이를 에워쌌어요. 꽥꽥 소리치며 무리에게 위험도 알렸지요.

친타오사우루스들이 무작정 달아날 줄 알았던 점박이는 당황했어요.

"내가 어리다고 얕잡아 보는 거야?"

점박이는 어찌해야 할지 몰랐어요. 점박이가 공격을 시작하면 친타오사우루스들이 다 같이 달려들 태세였어요.

그때였어요. 땅이 쾅쾅 울리고, 뿌연 먼지가 일었어요. 카로노사우루스 무리가 이쪽으로 정신없이 달려오고 있었어요. 그리고 그 뒤를 애꾸눈 티라노사우루스가 쫓고 있었지요.

애꾸눈은 계속 점박이 가족을 엿보고 있다가 점박이가 친타오사우루스 무리에게 달려가자, 아주 좋은 기회라고 생각했어요. 그래서 카로노사우루스 무리를 위협하여 점박이가 있는 쪽으로 몰고 온 것이었지요.

점박이는 형이 있는 곳으로 돌아가려 했어요. 그런데 친타오사우루스와 카로노사우루스 무리가 일제히 점박이가 있는 쪽으로 내달려 왔어요. 점박이는 애타게 형을 불렀어요.

"형!"

점박이는 친타오사우루스와 카로노사우루스 무리 속에 갇히고

말았어요. 점박이가 살기 위해서는 친타오사우루스와 카로노사우루스 무리와 함께 달리는 수밖에 없었어요. 그렇지 않으면 깔려 죽을 테니까요.

달려오는 그들 때문에 조용히 풀을 뜯던 토로사우루스들도 달리고, 혼자 있던 안킬로사우루스마저 달리기 시작했어요.

점박이는 숨이 컥컥 막혔지요. 점박이는 달리는 무리에서 빠져나갈 틈을 찾았어요. 하지만 다른 공룡들의 커다란 몸통 사이에는 틈이 없었어요. 멈칫대면 금세라도 밟힐 듯했어요.

"엄마!"

"형~!"

점박이는 울고 싶었어요.

형이 점박이를 구하기 위해 무리 속으로 뛰어들었어요. 그러나 그 많은 공룡 속에서 점박이를 찾기가 쉽지 않았어요. 달리던 안킬로사우루스 한 마리가 넘어지자 그 뒤에 달려오던 공룡들도 넘어지기 시작했지요. 점박이는 연달아 넘어지는 공룡들에게 거의 깔릴 뻔했어요.

"으악!"

그때 형이 점박이를 보았어요. 형은 부리나케 달려와 커다란 덩치로 밀려오는 공룡들을 막아 냈어요. 그리고 점박이를 머리로 밀쳐 무리 밖으로 밀어냈지요.

점박이는 튕겨져 나가 풀밭에 뒹굴었어요. 하지만 형은 그 무리에게 깔려 넘어지고 말았지요. 수많은 공룡이 형을 짓밟고 달려 나갔어요.

멀리서 그 모습을 지켜보던 엄마가 새끼들을 구하기 위해 공룡 무리 쪽으로 달려왔어요.

무리는 강가 벼랑 쪽으로 달리기 시작했어요.

그곳에는 누나들이 있었지요. 밀려오는 공룡 무리에 누나들은 벼랑 끝으로 몰리기 시작했어요.

엄마는 누나들을 구하려고 공룡 무리 속으로 뛰어들었어요. 누나들은 점점 더 벼랑 끝으로 몰렸어요. 마음이 급한 엄마는 공룡들을 닥치는 대로 머리로 받으며 헤쳐 나갔어요. 하지만 갑자기 튀어나온 친타오사우루스 한 마리에 부딪힌 엄마는 다리를 다쳐 쓰러지고 말았어요. 더 이상 피할 곳이 없는 누나들은 벼랑 밑으로 떨어지고 말았어요.

엄마는 너무 슬퍼 비명을 질렀어요. 순식간에 큰 아들과 딸 둘을 잃은 엄마는 절망에 빠졌어요. 이윽고 공룡 무리가 모두 사라지고 모래 먼지가 걷히자 그 뒤로 악당 애꾸눈 티라노사우루스가 나타났어요.

"넌 그 애꾸눈?"

마침내 엄마는 이 모든 비극을 만든 게 애꾸눈이라는 걸 알게 되었어요. 화가 난 엄마는 남은 힘을 짜내어 다시 일어났어요. 하지만 다친 다리 때문에 비틀거렸어요.

"오랫만이군. 그 다리로 내 상대가 되겠어? 싸움이 너무 싱겁겠는데."

애꾸눈이 웃으며 말했어요. 엄마는 다리를 절룩이며 간신히 몸을 바로 세웠어요.

'다리만 다치지 않았으면 저 놈 하나쯤은 아무 것도 아니건만……'

하지만 한탄만 하고 있을 수는 없었어요. 엄마는 있는 힘껏 애꾸눈에게 달려들었어요. 애꾸눈은 재빨리 피하며 엄마의 목덜미를 물었어요. 엄마는 목을 빼내려고 안간힘을 쓰다가 넘어졌어요. 그 바람에 애꾸눈도 넘어졌지요. 엄마는 그 틈을 놓치지 않고 뒷발로 애꾸눈의 얼굴을 긁었어요.

애꾸눈은 화들짝 놀라며 일어섰어요. 그리고 뒤로 물러섰지요.

엄마와 애꾸눈은 서로를 노려보았어요. 애꾸눈은 얼굴에서 피

가 뚝뚝 떨어지자, 부르르 떨며 엄마에게 달려들었어요.

　애꾸눈은 엄마의 목덜미를 다시 꽉 물었어요. 엄마는 애꾸눈을 떼어 내려고 몸을 들썩였지만 애꾸눈은 목덜미를 더욱 힘주어 물었어요.

　"엄마!"

　죽은 형 옆에 서서 울던 점박이는 엄마가 당하는 모습에 몸이 떨렸어요. 점박이는 엄마에게 달려가고 싶었지만 그럴 수 없었어요. 애꾸눈이 너무나 두려워서 그저 울부짖기만 했어요.

애꾸눈은 엄마의 목덜미를 문 채 벼랑으로 끌고갔어요.

엄마는 끌려가지 않으려고 발톱으로 땅을 그러쥐었지만 다친 다리 때문에 버틸 힘이 없었어요. 엄마가 지쳐 버리자 애꾸눈은 엄마를 벼랑 끝으로 밀어 버렸어요.

엄마는 벼랑 아래로 떨어지면서 안타깝게 점박이를 불렀어요. 그리고 홀로 남은 점박이가 혼자서라도 씩씩하게 살아남기를 바랐지요.

애꾸눈은 벼랑 아래를 내려다보며 승리의 함성을 질렀어요.

점박이는 울부짖었어요.

"엄마!"

"누나…!"

"형…!"

점박이는 이제 혼자라는 게 믿어지지 않았어요.

04 점박이의 홀로서기

그날로부터 한 달이 지났어요. 애꾸눈한테 둥지를 빼앗긴 점박이는 여기저기를 헤매며 살았어요. 숲은 넓었지만, 어린 점박이에게 안전한 곳은 한 군데도 없었어요. 점박이는 주로 풀이 우거진 곳에 숨어 지냈어요. 다른 공룡들과 마주치는 게 두려웠지요.

어느 날 점박이는 목이 몹시 말라 풀잎을 헤치고 조심조심 고개를 내밀었어요. 그러고는 주변을 살폈어요. 밝은 햇살이 숲을 내리비추고 있었지요.

점박이는 주위에 아무도 없는 걸 확인하고 풀잎 속에서 나왔어요. 점박이는 터벅터벅 물가로 가서 물을 먹었어요. 오랫동안 목마름을 참았던 터라, 허겁지겁 먹었지요.

그때 머리 위로 미크로랍토르 한 마리가 휘잉 지나갔어요.

점박이는 깜짝 놀라 물 먹기를 멈췄어요.

"휴, 물도 실컷 먹기 힘들어."

 나무 위에 앉은 미크로랍토르가 점박이를 보며 이상한 소리를 냈어요. 기분 나쁜 울음소리였어요. 점박이는 그만 물가를 떠나 고사리 숲으로 들어갔어요.
 "어디로 가서 먹을 걸 구할까?"
 일주일째 아무 것도 먹지 못한 점박이는 배가 몹시 고팠어요. 하지만 아직 사냥을 할 수 없어서 다른 공룡들의 알을 노렸어요.
 점박이는 해남이크누스 무리가 모여 있는 호숫가로 터벅터벅 걸어갔어요.

해남이크누스들은 벼랑 끝에 둥지를 짓고 앉아 끊임없이 소리를 질렀어요. 암컷들이 먹이를 달라고 수컷들한테 내지르는 소리였지요. 그 소리를 들으며 점박이는 입맛을 다셨어요.

"암컷들이 알을 품고 있나 보다."

벼랑으로 오르는 길은 아찔아찔했어요. 발을 헛디디지 않으려면 조심히 걸어야 했지요. 벼랑 위로 올라간 점박이는 어미가 잠깐 자리를 비운 둥지로 살금살금 다가갔어요. 점박이는 입으로

알을 깨고 노른자위를 쪽 빨아 먹었어요.

"아, 달콤해."

점박이가 다른 알을 또 깨려는 순간이었어요. 해남이크누스 한 마리가 둥지로 쏜살같이 날아들어 점박이의 머리를 쪼았어요.

점박이는 비틀대며 도망쳤어요. 해남이크누스는 날개를 활짝 펴고 뒤쫓아 왔어요. 쫓기던 점박이는 풍덩, 바다에 빠졌어요. 해남이크누스는 물 위로 날아와 몇 차례 더 점박이를 공격한 뒤에야 가버렸어요. 물 밖으로 헤엄쳐 나온 점박이는 털썩 주저앉았어요.

"아, 배고프고 추워!"

햇볕을 쪼이며 몸을 말리려던 점박이는 갑자기 땅이 쿵쿵 울리는 소리에 얼른 나무 뒤로 가서 숨었어요. 그리고 누구인지 살펴보았어요.

힙실로포돈 한 마리가 지나가고 그 뒤를 벨로키랍토르 한 무리가 쫓았어요. 벨로키랍토르는 떼로 몰려다니는 사나운 약탈자예요. 잔인하고 끈질긴 이 녀석들에게 한번 걸리면 끝장이에요.

점박이는 무서웠지만 몰래 따라가 보았어요.

벨로키랍토르에게 쫓긴 힙실로포돈은 늪지대로 갔어요.

늪지대는 한낮인데도 어두웠고, 바닥은 물기가 많은 진흙으로 끈적거렸어요. 궁지에 몰린 힙실로포돈은 벨로키랍토르들을 피하느라 늪으로 뛰어들었지요.

그 모습을 본 벨로키랍토르들이 멈춰 섰어요. 힙실로포돈은 허우적거리며 늪 속으로 점점 빨려 들어갔어요.

"뭐지? 땅속에 괴물이 사는 거야?"

점박이는 놀라서 눈을 동그랗게 떴어요.

그때 배고픔을 참지 못한 벨로키랍토르 한 마리가 펄쩍 뛰어 늪으로 빠져드는 힙실로포돈의 목을 물었어요. 둘은 뒤엉켜 엎치락뒤치락했어요. 그러다 곧 둘 다 늪 속으로 사라지고 말았어요.

점박이는 가슴이 서늘했어요. 갑자기 죽은 가족이 못 견디게 그리웠어요.

점박이는 가족들과 살던 둥지로 향했어요. 거기에 남아 있을 가족의 냄새라도 맡고 싶었어요. 다행히 애꾸눈은 거기 없었어요.

"엄마!"

점박이는 엄마를 불러 보았어요. 아무도 없었지만, 점박이는 금세라도 엄마가 나타나 얼굴을 비벼 줄 것 같았어요. 점박이는 늘 엄마가 앉아 있던 그 자리에 가서 엎드렸어요.

"엄마, 너무 보고 싶어요."

점박이는 눈을 감고 엄마 등에 올라가 있는 상상을 했어요. 상상만으로도 마음이 포근해진 점박이는 살며시 눈을 떴어요.

"아, 뼈다귀다!"

저만치 떨어져 있던 뼈다귀를 발견한 점박이는 뼈다귀를 서로 빼앗으며 놀던 형과 누나들이 생각났어요.

쿵쿵, 갑작스러운 발걸음 소리에 점박이는 화들짝 놀라 가족 생각에서 벗어났어요. 점박이는 얼른 바위 뒤로 가서 숨었어요. 점박이는 무서워서 숨도 제대로 쉴 수 없었어요.

'애꾸눈이다! 만약에 애꾸눈한테 들키면…, 나도 엄마처럼 죽게 되겠지. 엄마만큼 싸워 보지도 못하고.'

애꾸눈은 친타오사우루스를 사냥해서 물고 왔어요. 애꾸눈은 둥지를 둘러보더니 아무 것도 없는 것을 확인하고 자리를 떠났어요. 점박이는 애꾸눈이 가는 곳을 눈으로 쫓았어요.

애꾸눈은 둥지 아래에 있는 폭포 쪽으로 내려가 물을 먹기 시작했어요.

'지금이라면 괜찮을 거야.'

점박이는 애꾸눈이 잡아 온 먹이로 다가가 뜯어 먹기 시작했어요. 가족을 잃고 처음으로 먹는 고기였어요. 점박이는 정신 없이 고기를 먹었어요.

그런데 갑자기 아주 커다란 발 하나가 눈앞에 나타났어요. 점박이는 고개를 들어 위를 올려다보았어요. 화가 잔뜩 난 애꾸눈이 눈을 부라리고 있었지요. 애꾸눈이 으르렁거리며 말했어요.

"내 먹이에 입을 대?"

점박이는 슬금슬금 뒤로 물러섰어요.

"감히 여기가 어디라고 찾아와?"

애꾸눈이 달려들려고 했어요. 점박이는 휙 몸을 돌려 부리나케 달아났어요. 애꾸눈은 몇 걸음 뒤쫓다 멈췄어요. 하지만 점박이는 넘어져 나동그라질 때까

지 계속 달렸어요.

몸을 추스르며 일어선 점박이는 애꾸눈이 더 이상 쫓아오는 것 같지 않아 마음을 놓았어요.

"아, 내 고기."

넘어질 때 떨어뜨린 먹이를 찾아 점박이는 두리번거렸어요. 먹이는 달려오던 길에 떨어져 있었지요. 점박이는 되돌아가서 그걸 입에 물었어요.

"크아앙!"

그때 바위 뒤에서 애꾸눈이 튀어나오며 점박이의 목을 노렸어요. 점박이는 겨우 애꾸눈의 이빨을 피해 달아났지요. 서너 걸음 뒤쫓던 애꾸눈은 멈춰 서서 소름끼치는 소리를 몇 번 더 내지르더니 둥지로 돌아갔지요.

오랫만에 허기를 채운 점박이는 안전한 곳을 찾아 몸을 뉘였어요.

"오늘도 힘든 하루였어. 꿈속에서 엄마를 만나면 좋겠다."

05 푸른눈과의 첫 만남

어느덧 점박이는 다섯 살이 되었어요. 키가 3미터 넘게 자랐지요. 점박이는 가족을 모두 잃고 4년 동안 하루하루를 힘겹게 살았어요. 그러는 동안 슬픔과 두려움에서 많이 벗어났어요. 먹이를 구하는 법도 스스로 익혔지요. 그러나 물고기를 잡는 것은 아직도 쉽지 않았어요.

냇가에 들어가 물고기를 기다리자 잠시 뒤 물고기가 튀어 올랐어요. 그 순간 점박이가 입으로 낚아챘지요. 그런데 미처 입을 다물기 전에 물고기가 빠져나갔어요. 풍덩, 물속으로 떨어져 도망치는 물고기를 점박이는 아쉽게 바라보았어요. 점박이는 아직 물고기도 제대로 잡지 못하는 어린 공룡이었어요.

그러나 점박이는 포기하지 않았어요. 튀어 오르는 물고기마다 낚아채려고 했지요. 번번이 놓쳤지만, 점박이는 어렴풋이 느끼고 있었어요. 자신의 몸놀림이 점점 빨라진다는 것을요.

점박이는 숲으로 들어갔어요. 때마침 숲 속에서는 토로사우루스 수컷 두 마리가 우두머리 자리를 놓고 싸움을 벌이고 있었어요. 점박이는 그들의 흥미진진한 싸움을 지켜보았어요.

두 수컷은 토로사우루스 무리 가운데서 몸집이 가장 크고 뿔이 길었어요. 상처투성이의 늙은 수컷과 그보다 몸집이 조금 작지만 패기가 넘치는 젊은 수컷의 대결이었어요. 젊은 수컷이 무리의 우두머리에게 도전장을 내민 것이었지요.

두 수컷은 뿔을 잔뜩 세우고 서로 노려보다가 맞붙었어요. 두 수컷의 뿔이 뒤엉켰지요. 딱, 뿔이 부딪히는 소리가 엄청 컸어요.

두 수컷은 서로 밀리지 않으려고 안간힘을 쓰며 씩씩댔어요. 그러다 지쳤는지 서로 뒤로 물러섰어요.

'싸움을 그만두는 건가?'

점박이는 생각했어요. 그런데 토로사우루스 두 마리는 그리 오래 쉬지 않았어요.

둘은 다시 서로에게 달려들어 뿔을 부딪쳤어요. 젊은 수컷은 아까보다 더 세게 늙은 수컷을 밀어 댔어요. 그러더니 늙은 수컷의 뿔을 힘주어 비틀었어요.

늙은 수컷이 밀리기 시작했어요. 그럴수록 젊은 수컷은 힘이 펄펄 넘쳤지요. 툭, 늙은 수컷의 뿔이 부러져 버렸어요.

이제 젊은 수컷이 토로사우루스 무리의 우두머리가 되었지요. 늙은 수컷은 무리에서 쫓겨났어요. 그게 우두머리 싸움에서 진 수컷의 슬픈 운명이에요. 비참한 늙은 수컷은 혼자 살 곳을 찾아 떠났어요.

그런데 그 뒤를 따르는 공룡이 있었어요. 바로 애꾸눈이었지요. 점박이가 토로사우루스의 싸움을 지켜볼 때 애꾸눈도 몰래 그들의 싸움을 지켜보고 있었어요.

애꾸눈은 늙은 토로사우루스가 무리로부터 멀어질 때까지 조용히 뒤쫓았어요. 그러다 뒤에서 갑자기 달려들었어요. 늙은 토로사우루스는 가까스로 피하며 쏜살같이 내달렸어요. 애꾸눈도 뒤쫓아 달렸어요. 그런데 갑자기 테리지노사우루스가 나타나 애꾸눈 앞을 가로막았어요.

애꾸눈은 늙은 토로사우루스를 놓치게 되어 화가 치밀었어요. 테리지노사우루스가 삼지창 같은 발톱을 휘두르자 애꾸눈은 마구 으르렁댔어요. 마침 그곳을 지나던 점박이는 애꾸눈의 소리를 들었어요. 점박이는 살금살금 그곳으로 다가갔어요.

"애꾸눈이 테리지노사우루스한테 딱 걸렸군. 삼지창은 자기 영역을 침범한 녀석을 용서하지 않는다고."

점박이는 흥분이 됐어요. 테리지노사우루스가 애꾸눈을 해치운다면 속이 후련해질 테니까요.

테리지노사우루스의 삼지창 같은 발톱이 휙휙 허공을 가르자 애꾸눈은 슬슬 뒤로 물러났어요.

'잘한다, 삼지창! 계속 밀어붙여.'

점박이는 빨리 테리지노사우루스의 발톱이 애꾸눈의 가죽을 뚫는 걸 보고 싶었어요.

애꾸눈은 커다란 나무 앞에 바짝 붙어 섰어요. 그러더니 고개를 내뻗으며 테리지노사우루스를 약 올렸어요. 테리지노사우루스는 애꾸눈 얼굴을 향해 앞발을 내리꽂았어요. 애꾸눈은 눈 깜짝할 사이에 고개를 숙였지요. 그 바람에 테리지노사우루스의 발톱이 나무에 박히고 말았어요.

"야비한 놈! 저런 수를 쓰다니!"

점박이는 테리지노사우루스가 진 것이 분했어요.

테리지노사우루스는 나무에 박힌 발톱을 빼내려고 온몸을 들썩였어요. 하지만 깊게 박힌 발톱은 빠지지 않았어요. 교활한 애꾸눈은 테리지노시우루스를 보며 웃다가, 목덜미를 꽉 물었어요.

테리지노사우루스는 목을 빼려고 몸을 비틀었어요. 그 바람에 나무에 박힌 발톱은 빠졌지만, 땅에 쓰러지고 말았어요. 나뭇잎이 우수수 떨어졌지요. 애꾸눈은 숨이 끊어진 테리지노사우루스의 살을 뜯어 먹기 시작했어요.

점박이는 눈물이 솟구치려 했어요. 엄마가 애꾸눈에게 당하던 모습이 또렷하게 떠올랐어요.

'꼭 복수할 거야. 아직은 못 하지만……, 반드시 갚아 줄 거야.'

점박이는 굳게 결심했어요.

그런데 그때 애꾸눈에게 다가오는 공룡이 한 마리 있었어요. 점박이 또래의 암컷 타르보사우루스였지요.

"겁도 없군. 어떻게 저길 가는 거야?"

점박이는 어이가 없으면서도 한편으로는 걱정이 됐어요.

암컷 타르보사우루스는 배가 몹시 고픈 듯했어요. 애꾸눈의 먹이에 입을 대려고 했어요.

"식사를 방해하지 말고 꺼져!"

애꾸눈이 소리를 꽥 지르자 암컷 타르보사우루스는 뒤로 물러섰어요. 하지만 곧 다시 먹이를 탐내며 다가갔어요.

애꾸눈은 이빨을 드러내며 녀석에게 달려들려고 했어요. 암컷 타르보사우루스는 겁에 질려 달아나기 시작했어요. 애꾸눈은 녀석을 뒤쫓아 갔지요.

"이때다!"

점박이는 애꾸눈 먹이에 달려들었어요. 점박이는 고기를 크게 한 덩이를 뜯어냈어요. 애꾸눈이 돌아오는 소리가 나자 점박이는 동굴로 도망쳤어요. 비록 자신이 사냥한 것은 아니지만, 고기를 얻었다는 기쁨에 점박이는 힘이 솟았어요.

그런데 그 암컷 타르보사우루스가 동굴로 들어섰어요. 그리고 이번에는 점박이 먹이에 입맛을 다시며 다가왔어요.

"너 줄 건 없어!"

점박이는 녀석을 쫓아버리려고 으르렁댔어요. 하지만 녀석은 지지 않겠다는 듯 똑같이 으르렁거렸지요. 그리고 점박이가 고기를 뜯자 녀석도 한쪽을 뜯었어요.

"까불지 말고, 저리 가!"

그러나 점박이의 말을 듣는 척도 안 하고 녀석은 계속 고기를 뜯어 먹었어요. 점박이는 애꾸눈처럼 달려들어 쫓아버리려다가

그만두었어요. 녀석의 등과 목덜미, 허벅지에 상처가 많은 걸 보아서였지요.

'나처럼 가족을 잃고 혼자 살아왔나 봐.'

점박이는 말없이 같이 고기를 뜯어 먹었어요. 가족을 잃고 처음으로 누군가와 나눠 먹는 것이었어요.

고기를 다 먹고 점박이가 동굴을 나가자 녀석이 졸졸 따라왔어요. 점박이가 멈추면 따라 멈추고, 점박이가 걸으면 다시 걸으면서 말이에요. 점박이는 뒤돌아보며 멈춰 섰어요.

"나는 점박이야."

"나는 푸른눈."

"너도 혼자니?"

"응."

푸른눈은 점박이에게 가까이 다가섰어요. 점박이는 푸른눈에게 코를 갖다 댔어요.

"친구가 되자."

"그래."

점박이와 푸른눈은 서로의 냄새를 맡으며 웃었어요.

오랫동안 외로웠던 점박이의 마음에 따뜻한 바람이 불었어요. 푸른눈도 그랬지요. 둘은 신 나게 숲을 뛰어다니며 놀았어요. 노는 것도 참 오랜만이었어요. 가족을 잃고 처음이었지요.

06

덤벼라, 애꾸눈!

그날부터 점박이와 푸른눈은 단짝이 되었어요. 친구처럼, 가족처럼 함께 살았지요. 함께 사냥하며 서로 돕고 살았어요.

그렇게 5년이 흘러 점박이는 열 살이 되었어요. 키가 7미터나 되었고요.

오늘도 점박이와 푸른눈은 사냥에 나섰어요. 둘은 늪지대 쪽으로 갔어요. 늪은 점박이와 푸른눈이 즐겨 찾는 사냥터였어요.

"저 녀석을 잡자."

늪지대에 이르러, 점박이가 홀로 있는 카로노사우루스를 턱으로 가리켰어요. 푸른눈이 고개를 끄덕이고는 숨어서 기다릴 곳으로 옮겨 갔어요. 옛날에 누나들이 맡았던 역할을 푸른눈이 하는 거였죠. 점박이는 형이 하던 몰이꾼 역할을 그대로 하는 거였고요.

점박이는 소리 없이 카로노사우루스 곁으로 다가가며 주위를 다시 한 번 살폈어요.

'녀석이 수렁 쪽으로 도망가면 잡을 수 없어.'

뿐만 아니라 녀석을 따라 수렁으로 들어가면 자신도 죽게 된다는 걸 점박이는 잘 알고 있었어요. 몇 차례 그런 광경을 보며 가슴에 새겨 두었으니까요.

'그러니까 녀석을 푸른눈이 숨어 있는 쪽으로 몰아붙여야 해.'

카로노사우루스를 잡기 위한 작전을 머릿속으로 되새긴 다음 점박이는 달려들 준비를 했어요.

"크…크…아앙."

그런데 그때 푸른눈의 겁에 질린 울음소리가 들렸어요. 애꾸눈의 우렁차고 거친 울부짖음도 이어졌지요.

"어떻게 애꾸눈이 여기에?"

점박이는 푸른눈에게 달려갔어요. 가슴이 쿵쿵 뛰었지요.

점박이는 아직 애꾸눈과 맞붙을 자신이 없었어요. 하지만 푸른눈을 잃을 수는 없었지요.

'푸른눈을 구해야 해.'

애꾸눈은 발톱을 세우고 푸른눈을 노리고 있었어요. 금세라도 찍어 누를 듯이 말이에요.

"안 돼!"

점박이가 외쳤어요. 그 소리에 애꾸눈이 뒤돌아보았지요.

"어쩌나? 나는 너희를 살려 두고 싶지 않은데 말이야."

애꾸눈이 비웃으며 점박이와 푸른눈을 번갈아 노려보았어요. 그리고 한순간에 푸른눈을 향해 머리를 날렸어요. 푸른눈은 그만 나동그라졌지요.

점박이는 애꾸눈에게 달려들어 허벅지를 물었어요. 허벅지에서

피가 뚝뚝 떨어지자, 애꾸눈은 점박이에게 달려들었어요.

점박이는 애꾸눈의 공격을 이리저리 피했어요. 그럴수록 화가 난 애꾸눈은 더욱 포악하게 날뛰었지요.

'어떻게 해야 애꾸눈을 물리칠 수 있을까?'

점박이는 떨리는 마음을 누르며 생각했어요. 뒤를 돌아본 점박이의 눈에 늪지대의 수렁이 들어왔어요.

"바로 그거야!"

순간 점박이의 머릿속에 좋은 생각이 떠올랐어요. 점박이는 애꾸눈을 공격했다, 피했다를 반복하며 애꾸눈을 조금씩 조금씩 수렁 쪽으로 꾀어냈어요.

"애꾸눈, 왜 공격을 못 하냐? 내가 두려운 거지?"

수렁이 가까워진 거리에서 점박이는 일부러 애꾸눈을 약 올렸어요.

으르렁거리며 점박이에게 다가서던 애꾸눈이 질퍽질퍽한 발밑을 보며 멈칫했어요. 그 순간 점박이는 머리로 애꾸눈을 들이박았어요. 그러고는 빠르게 뛰었어요. 애꾸눈은 불같이 화를 내며 점박이를 뒤쫓았어요.

"건방진 녀석! 이젠 봐 주지 않는다."

애꾸눈이 거의 뒤에 닿을 듯 쫓아온 그때 점박이는 수렁을 뛰어넘었어요. 그러나 뒤쫓던 애꾸눈은 그대로 수렁에 빠졌지요.

점박이의 작전이 멋지게 성공한 것이었어요. 애꾸눈의 발은 점점 수렁으로 빨려 들어갔어요. 애꾸눈은 수렁에서 빠져나오려고 몸부림을 쳤어요.

"엄마, 내가 애꾸눈을 해치웠어요."

점박이는 너무나 기뻐 하늘을 올려다보며 소리쳤어요.

"크아앙!"

함께 기뻐하는 푸른눈의 소리가 들렸어요. 점박이는 푸른눈에게 달려갔지요.

"점박아!"

"나 멋졌지?"

"으아악! 녀…녀석이 오고 있어."

점박이는 뒤를 돌아보았어요. 온몸이 진흙으로 뒤덮인 애꾸눈이 매섭게 쏘아보며 다가오고 있었어요.

"어…어떻게 수렁에서 빠져나올 수 있었지?"

수없이 많은 공룡을 삼킨 수렁에서 애꾸눈이 살아 나왔다는 게 점박이는 믿어지지 않았어요.

"너희들을 끝장내 주겠다."

"좋아, 그렇다면 다시 한번 수렁에 처박아 주지."

점박이는 애꾸눈을 똑바로 바라보며 외쳤어요. 그러나 수렁을 빠져나오느라 몹시 지친 애꾸눈은 으르렁거릴 뿐 덤벼들지 못했어요. 점박이는 푸른눈에게 도망치자는 눈짓을 보냈어요. 둘은 힘껏 숲으로 내달렸어요.

애꾸눈에게서 도망쳤지만 점박이는 두려웠어요.

"애꾸눈이 숲을 뒤져서라도 우릴 찾아낼 거야."

애꾸눈이 가만있지 않을 게 분명했어요. 하지만 애꾸눈과 맞붙

어 싸우기엔 자신이 아직 어리다는 것을 점박이는 잘 알고 있었어요. 이곳을 떠나야 한다는 생각이 들었지만 점박이는 그러고 싶지 않았어요.

'여긴 내가 태어나고 자란 곳이야.'

그리고 비록 살아 있지 않지만 가족과 함께했던 이곳을 잃고 싶지 않았어요. 그런데 푸른눈이 말했지요.

"점박아, 우리 여길 떠날까?"

점박이는 두려움에 떨고 있는 푸른눈의 눈을 보았어요.

점박이는 마음이 저렸어요.

'내가 애꾸눈과 싸워 진다면, 푸른눈도 당하고 말겠지.'

점박이는 말없이 서서 숲의 공기를 한참 들이마셨어요. 이 숲의 냄새를 몸에 간직하고 싶었어요.

점박이는 마음속으로 말했어요.

'꼭 돌아올 거야. 내가 애꾸눈만큼 크면 돌아와서 당당히 맞붙어 싸울 거야. 그리고 우리 가족이 살던 둥지를 되찾을 거야.'

점박이는 푸른눈을 보며 고개를 끄덕였어요.

"그래, 푸른눈, 우리 떠나자."

점박이가 발걸음을 떼자 푸른눈이 뒤를 따랐지요.

둘은 숲을 지나 하염없이 걸었어요. 둘이 살아갈 만한 또 다른 숲을 찾아서요. 얼마나 멀지 가는 길에 어떤 위험이 있을지 알 수 없었어요. 하지만 새로운 곳을 찾아가는 둘의 마음엔 작은 희망이 싹트고 있었어요. 그곳엔 애꾸눈이 없을 테니까요.

걷고 또 걷느라, 둘은 목이 마르고 배가 고팠어요. 애꾸눈한테 입은 푸른눈의 상처에서는 피가 줄줄 흘렸어요. 그 피를 빨아먹

으려고 파리 떼가 끊임없이 달려들었지요. 그 때문에 푸른눈은 몹시 지치고 힘들어 했어요.

"프로토케라톱스들이다!"

점박이가 멀리 능선을 가리키며 외쳤어요. 프로토케라톱스 무리가 산등성이를 따라 올라가고 있었어요.

"푸른눈, 조금만 더 힘을 내. 저 녀석들을 따라가면 초원이 나올 거야."

점박이와 푸른눈은 힘이 났어요. 둘은 희망에 차서 프로토케라톱스 무리를 따라 산등성이를 올라갔어요.

푸른눈이 먼저 보고 외쳤어요.

"아! 세상에 이런 곳이 있다니."

점박이도 처음 보는 광경이었어요. 산등성이 밑으로 뜨거운 김이 오르는 호수가 펼쳐져 있었어요. 여러 마리의 부경고사우루스가 물을 빨아올렸다가 하늘을 향해 뿜어 댔어요. 또 한쪽에서는 프로토케라톱스, 친타오사우루스, 카로노사우루스, 토로사우루스 무리가 물속에 몸을 담그고 있었어요. 그들의 표정은 모두 편안하고 즐거워 보였어요.

"푸른눈, 우리도 다른 공룡들처럼 저기 물속에 들어가 보자."

둘은 호숫가로 내려갔어요.

점박이가 먼저 뜨거운 물속에 한 발을 넣어 보았어요.

"따뜻해."

점박이는 천천히 물속으로 들어갔어요.

"푸른눈, 어서 들어와."

푸른눈도 물속에 몸을 담갔어요.

상처 부위가 약간 따끔거렸지만 곧 아픈 곳이 시원해졌어요. 가려움증도 사라졌고요.

"참 좋다."

점박이와 푸른눈처럼 다른 공룡들도 모두 온천을 좋아했어요. 하지만 그때는 그 누구도 알지 못했어요. 온천을 만든 자연의 힘이 무엇인지를요.

뿌연 수증기 너머의 땅에서 부글부글 용암이 들끓고 있다는 것을요. 화산 분화구에서 연기가 치솟고 있는 것도 몰랐지요. 이것은 앞으로 몇 년 뒤에 대폭발이 일어날 자연의 징조였어요.

얼마 뒤 번개가 치고 천둥이 요란하게 울었어요. 며칠 동안 쉬지 않고 비가 내렸어요. 그리고 비가 그치자 메말라 있던 이곳에 풀이 쑥쑥 자라나고 꽃이 피기 시작했어요.

"이게 뭘까?"

공룡들은 꽃을 처음 보았지요. 그동안 숲은 오직 초록이었는데, 꽃은 숲을 울긋불긋 물들였어요. 꽃이 세상에 피어나 퍼지기 시작하자 벌레들도 점점 늘어났어요. 자연이 변화하고 있었어요.

07

드디어 복수의 기회가 찾아오다

점박이와 푸른눈은 새로운 숲에 둥지를 틀고 살았어요.

어느덧 점박이는 스무 살이 되었지요. 키가 12미터에 이르는 크고 건강한 타르보사우루스가 되었어요. 이 숲에서는 감히 점박이에게 덤빌 공룡이 없었어요.

점박이는 혼자서 사냥을 나갔어요. 이제는 푸른눈의 도움 없이도 토로사우루스 한 마리쯤은 거뜬히 잡을 수 있었어요.

뿔로 들이미는 토로사우루스의 공격을 피하는 동시에 점박이는 날카로운 이빨로 녀석의 목을 물었어요.

토로사우루스가 발버둥쳤지만 소용없었어요. 이제 점박이의 이빨과 무는 힘을 이기고 빠져나갈 수 있는 공룡은 거의 없었지요. 끝내 토로사우루스는 쓰러졌어요.

점박이는 승리의 함성을 아주 크게 질렀어요. 숲에 쩌렁쩌렁 울려 퍼지도록 말이에요.

그런데 이게 웬일일까요? 마침 이 숲으로 들어서던 애꾸눈이 그 소리를 들었어요. 애꾸눈은 짝짓기를 할 암컷을 찾아 여기저기 헤매다 여기까지 온 것이었어요. 애꾸눈은 소리가 나는 쪽을 살폈어요.

"아니, 저 녀석은! 아직까지 용케도 살아 있었군."

그때 산등성이에서 암컷 공룡의 울음소리가 들렸어요. 점박이의 함성에 응답하는 푸른 눈의 소리였어요.

점박이는 먹이를 물고 부지런히 둥지로 올라가기 시작했어요.

둥지에서 푸른눈이 점박이를 내려다보고 있었지요.

애꾸눈은 점박이와 푸른눈의 모습을 지켜보며 묘한 웃음을 지었어요.

"푸른눈, 어서 먹어."

푸른눈은 점박이가 물고 온 먹이를 맛있게 먹었어요.

점박이는 그런 푸른눈을 흐뭇하게 바라보았지요. 그런데 후두두둑, 작은 돌멩이 몇 개가 떨어져 내렸어요.

점박이는 재빨리 위쪽을 올려다보았어요. 뭔가 스쳐 지나간 듯했어요.

"어떤 녀석이지?"

점박이는 눈길을 거두지 않고 얼마 동안 위쪽을 살폈어요. 하지만 아무런 움직임도 없자, 다시 푸른눈을 바라보았어요. 점박이는 푸른눈이 점점 더 좋아졌어요. 함께 있으면 그저 행복했어요. 이제 푸른눈 없이 산다는 걸 상상할 수 없었지요.

그런데 갑자기 쿵, 쿠쿵, 위에서 무거운 것이 굴러 떨어지는 소리가 들렸어요. 위를 올려다보니 거대한 바위가 떨어지는 것이었어요.

"푸른눈!"

점박이는 푸른눈을 밀치고, 몸으로 바위를 막았어요.

점박이는 바위에 밀려 벼랑 아래로 떨어지고 말았어요.

벼랑 아래는 거대한 호수였지요.

"점박아!"

푸른눈은 벼랑 끝으로 달려가 울부짖었어요. 하지만 호수로 떨어진 점박이는 보이지 않았어요.

"점박아! 점박아!"

애꾸눈은 애처롭게 점박이를 부르는 푸른눈의 모습을 기분 좋게 내려다보았어요.

"이제 넌 내 차지다. 티라노사우루스 암컷이 보이지 않으니, 타르보사우루스라도 차지해야지."

애꾸눈이 푸른눈에게 다가와 결혼하자는 뜻으로 냄새를 맡으려 했어요. 하지만 푸른눈은 애꾸눈을 피하며 소리쳤어요.

"다가오지 마."

"나처럼 강한 티라노사우루스가 싫다고? 아주 우습군."

그러면서 애꾸눈은 푸른눈 곁을 맴돌았어요.

"나랑 결혼하면 넌 훨씬 편하게 살 수 있다."

"난 너처럼 치사한 녀석과 결혼하지 않아. 저리 가!"

푸른눈은 애꾸눈을 쏘아보며 소리를 질렀어요.

"좋다. 그렇다면 살려 둘 수 없지."

화가 잔뜩 난 애꾸눈은 아주 큰 이빨로 푸른눈의 목덜미를 물었어요. 푸른눈은 나동그라졌어요. 목덜미에서는 시뻘건 피가 흘렀지요.

"멈춰!"

물속에서 빠져나온 점박이가 외쳤어요. 애꾸눈은 점박이에게 몸을 돌렸어요.

드디어 복수의 기회가 찾아오다

"애꾸눈, 나랑 붙자."

점박이는 그동안 잊지 않았던 복수를 오늘 하겠다고 결심했어요.

애꾸눈은 점박이를 훑어보며 말했어요.

"많이 컸군. 하지만 아직도 넌 나에게 애송이일 뿐이야."

애꾸눈은 비웃으며 우렁차게 괴성을 질렀어요. 그 울부짖음을 들자 점박이는 소름이 돋고 살이 떨렸어요. 애꾸눈에게 당장 달려들 것 같았던 용기가 달아나고 있었어요.

"난 할 수 있어. 그때처럼 어리지 않아."

점박이는 자신에게 속삭였어요. 하지만 발이 앞으로 나아가지 않았어요. 애꾸눈에게 당하던 엄마의 모습이 아른거렸어요.

"엄마…."

점박이는 입을 달싹이며 나지막이 엄마를 불러 보았어요. 슬픔이 솟구쳐 올랐어요. 점박이는 죽어 가던 형과 누나들의 모습도 떠올렸어요.

점박이가 주춤대자 푸른눈이 애꾸눈에게 달려들었어요. 하지만 애꾸눈은 푸른눈을 물어 내던졌지요. 쓰러진 푸른눈을 보자, 점박이는 가라앉던 용기가 되살아났어요.

'그래, 푸른눈마저 저 녀석에게 죽게 할 수는 없어.'

점박이는 애꾸눈에 대한 분노가 이글이글 타올라 힘차게 달려들었어요.

"크아앙!"

점박이와 애꾸눈은 서로 공격하고 피하며 맞붙어 싸웠어요.

점박이는 애꾸눈의 몸놀림 하나하나를 놓치지 않았어요.

'틈을 노려야 돼.'

점박이가 애꾸눈의 공격을 피하는 순간, 애꾸눈이 잠깐 중심을 잃고 휘청댔어요. 그 틈에 점박이는 애꾸눈의 목덜미를 물었어요. 그리고 목을 문 채 한 바퀴 크게 돌려 내동댕이쳤어요. 애꾸눈은 바닥에 구르다가 바위에 머리를 쾅 부딪쳤어요. 애꾸눈은 큰 충격을 받고 쓰러졌지요.

점박이는 온몸을 부르르 떨었어요.

"이겼다!"

점박이는 승리의 함성을 내지르며 애꾸눈에게 다가갔어요.

쓰러진 애꾸눈은 공포에 떨며 몸을 일으켰어요. 애꾸눈은 움찔움찔 뒷걸음질치며 낮게 으르렁거렸어요.

"다음에 두고 보자."

그러면서 꼬리를 내리고 달아났지요.

점박이는 온몸을 활짝 펴고 아주 크게 울부짖었어요. 그동안의 모든 슬픔과 분노를 털어버리려고 오랫동안 소리쳤어요.

"엄마, 점박이가 드디어 해냈어요!"

애꾸눈을 이긴 점박이는 자신이 태어난 둥지를 되찾아야겠다고 생각했어요. 그래서 푸른눈에게 말했어요.

"나는 우리 가족이 살던 옛 둥지로 돌아가고 싶어."

푸른눈이 고개를 끄덕였어요.

푸른눈과 점박이는 신 나게 달렸어요. 점박이는 세상을 모두 얻은 것처럼 마음이 뿌듯했어요. 점박이와 푸른눈은 멀고 먼 거리를 한달음에 달려갔지요.

옛 둥지에 이르자 점박이는 코를 킁킁댔어요. 가족의 냄새를 맡으려고요.

"다시 돌아왔어."

점박이는 엄마와 형이 엎드려 있던 자리에 코를 댔어요.

그리고 형을 따라 숲으로 내려가던 길, 누나들과 놀던 곳 등을 둘러보았어요.

'뼈다귀 뺏기 놀이는 참 재미있었지.'

그 생각이 떠올라서 점박이는 가까이에 있는 작은 나무토막을 살짝 물었어요. 점박이는 나무토막을 흔들다 던지고 다시 물며 장난쳤어요. 푸른눈은 그 모습을 보며 웃었지요.

"다시는 이 둥지를 빼앗기지 않을 거야."

"그래, 같이 지키자."

푸른눈도 숲이 다 내려다보이는 이곳이 마음에 들었어요.

점박이와 푸른눈은 이제 진짜 가족이 되었어요. 푸른눈이 알을 낳았지요. 점박이는 너무나 기뻤어요.

"우리 알을 훔쳐 먹으려고 오는 녀석이 있으면 가만두지 않을 거야."

점박이는 푸른눈에게 알둥지를 지키게 했어요. 땅속에 숨어 살며 알을 훔쳐 먹는 레페노마무스들이 설쳐 대고 있었거든요.

"나는 먹이를 구해 올게."

푸른눈에게 줄 맛있는 먹이를 사냥하러 가는 점박이의 마음은 한없이 즐거웠어요. 곧 태어날 귀여운 새끼들을 생각하면 웃음이 절로 나왔지요.

점박이가 나간 뒤에 푸른눈은 엎드려서 알둥지를 뚫어지게 바라보았어요.

"알이 모두 깨 나야 할 텐데."

푸른눈은 자신이 낳은 알 여섯 개가 모두 새끼로 부화되기를 간절히 바랐어요. 하지만 자꾸 걱정이 되었어요. 요즘 들어 공룡들의 알이 부화되지 않고 썩는 일이 많아서였어요. 자신의 알도 그렇게 될까 봐 푸른눈은 가슴이 조마조마했어요.

'화산 가스 때문일까?'

푸른눈은 바람에 실려 오는 화산 가스 냄새를 맡았어요. 매캐한 냄새가 나서 기분이 좋지 않았어요.

"앗, 움직였어."

알둥지를 덮은 나뭇가지 하나가 흔들리는 듯했어요. 푸른눈은 알둥지로 다가가 코를 댔어요. 그리고 설레는 가슴으로 나뭇가지를 치웠어요.

"금이 갔어."

금이 간 알 하나가 움직이고 있었어요. 푸른눈은 눈을 빛내며 그 알을 바라보았어요.

"힘을 내렴."

점점 갈라지던 알이 쩍 깨지더니 새끼 한 마리가 얼굴을 내밀었어요. 새끼와 푸른눈은 눈을 맞추었어요. 이어서 옆에 있던 알에서도 새끼가 깨 났어요.

"오, 예쁜 내 새끼들."

그때 사냥을 나갔던 점박이가 둥지로 돌아왔어요.

"깨 났구나!"

점박이는 새끼 두 마리를 보며 좋아서 어쩔 줄 몰라 했어요.

"다른 알들은?"

점박이는 알둥지를 들여다보았어요. 그리고 입으로 살살 굴려 보았지요. 그러자 턱, 턱, 알이 터져 버렸어요. 곯아서 새끼로 깨날 수 없는 알들이었던 거지요. 점박이는 깨진 알들을 슬프게 바라보았어요.

"그래도 두 마리를 얻었잖아."

점박이는 아쉬운 마음을 애써 떨어 내며 알둥지에서 돌아섰어요. 그런데 곧 부시럭부시럭 뭔가 움직이는 작은 소리가 알둥지에서 났어요. 점박이는 다시 알둥지를 들여다보았어요.

"어!"

곯은 줄 알고 건드리지도 않았던 알에서 새끼가 나왔어요. 얼굴에 점이 가득한 게 점박이를 꼭 빼닮은 새끼였어요.

"막내야!"

막내는 껍데기에서 벗어나 점박이에게 다가오려고 안간힘을 썼어요. 점박이는 환하게 웃으며 막내를 입으로 살짝 물어 알껍데기에서 꺼냈어요.

그리고 푸른눈과 새끼들 곁으로 데리고 왔지요.

　푸른눈과 점박이는 갓 태어난 새끼들을 바라보다 서로 머리를 맞댔어요.

　"너무 행복해."

　"나도."

　둘은 세상을 다 얻은 듯한 느낌이었어요.

08 푸른눈, 조심해!

점박이의 새끼들은 무럭무럭 자랐고, 어느새 서로 장난을 치며 놀았어요. 점박이 가족은 편안하고 행복한 날들을 보냈어요.

그날도 점박이와 푸른눈은 배불리 먹고 따뜻한 햇살 아래 누워 있었어요. 그러고 있으니 졸음이 솔솔 왔어요. 눈꺼풀이 무거워졌지요. 점박이와 푸른눈은 낮잠에 빠져들었어요.

그런데 고요하던 숲의 나무들이 갑자기 흔들리기 시작했어요. 그리고 벼랑으로 돌들이 후두둑 떨어져 내렸어요.

'애꾸눈이 온 건가?'

점박이는 눈을 번쩍 뜨며 일어섰어요. 그리고 주위를 둘러보았지요. 그 순간, 땅이 흔들리기 시작했어요. 점점 강하게요. 새끼들은 놀라서 점박이와 푸른눈 품으로 뛰어들었어요.

"무슨 일일까?"

푸른눈이 불안한 듯 물었어요.

"글쎄…."

점박이도 무슨 일인지 알 수 없었어요. 하지만 애꾸눈이 나타난 것보다 더 위험한 일이 벌어질 것 같은 예감이 들었어요.

쾅! 쾅! 엄청나게 큰 소리가 나더니 갑자기 앞쪽 산에서 불기둥이 솟구쳤어요. 백악기 말, 자연의 대폭발이 일어난 거였지요. 화산재와 연기가 한순간에 하늘을 시커멓게 가렸어요.

세상이 온통 어두워졌어요. 새끼들이 바들바들 떨었어요. 새끼들을 감싼 점박이와 푸른눈도 부들부들 떨었어요.

'어떻게 해야 할까?'

생각할 틈도 없이 불덩이들이 솟구쳐 날아오기 시작했어요.

숲에 불이 붙기 시작했어요.

"어서 달아나자."

불은 숲을 태우고, 나무를 쓰러뜨리고, 바윗덩어리를 산산조각 냈어요. 점박이는 가족을 이끌고 불을 피해 달아나기 시작했어요. 친타오사우루스 무리, 토로사우루스 무리, 부경고사우루스 무리,

숲 속에 살고 있던 모든 공룡이 불을 피해 내달렸어요.

뜨거운 불을 피해 점박이 가족은 급히 동굴로 뛰어들었어요. 새끼들이 헉헉거려 잠시 쉬어 가려 했던 거지요.

그런데 동굴 천장이 무너져 내리기 시작했어요.

"모두 뛰어!"

점박이는 고함을 질렀어요. 떨어지는 돌을 피하며 모두들 있는 힘껏 달렸어요. 하지만 둘째와 막내가 뒤처지고 있었어요.

"더 빨리 뛰어, 어서!"

점박이는 돌아보며 재촉했어요. 커다란 돌이 위에서 떨어져 내리고 있었어요.

"안 돼!"

둘째는 그 돌에 깔려 죽고 말았어요. 막내는 튕겨 나와 굴렀고요. 점박이는 달려가 막내를 물고 뛰었어요.

"첫째야, 조심해!"

그 사이 앞서 가던 첫째 앞으로 커다란 바윗덩어리가 튕겨 오고 있었어요. 그걸 본 푸른눈이 첫째를 밀쳐 냈어요. 바윗덩어리는 푸른눈의 허벅지로 떨어졌지요. 푸른눈은 털썩 쓰러졌어요.

"푸른눈, 어서 일어서."

점박이는 울부짖었어요. 푸른눈은 점박이를 바라보며 가까스로 일어섰어요. 허벅지에서 피가 흘렀지만 푸른눈은 절룩이며 점박이를 따랐어요. 점박이 가족은 다가오는 불길과 떨어지는 돌들을 피해 그저 내달렸어요. 다른 공룡들도 무작정 달렸지요.

어디로 가야 할지 어느 공룡도 알지 못했어요. 다만 그대로 머물러 있을 수 없어서 살 곳을 찾아 무작정 이동을 시작했어요. 며칠 동안 쉴 새 없이 달려 화산이 폭발하는 지역에서 겨우 벗어났지만, 아직 살 만한 땅을 찾지 못했어요. 풀 한 포기 없이 메마른 땅만 계속 펼쳐졌지요.

많은 공룡이 목마르고 배가 고파 지쳐 갔어요. 그러다 쓰러지면 어김없이 벨로키랍토르들이 달려들었어요. 벨로키랍토르들은 죽어 가는 공룡들을 먹어 대며 수가 점점 많아졌어요.

점박이 가족도 지쳐 갔어요. 특히 푸른눈은 상처 때문에 절룩이며 겨우 걷다 그만 주저앉았어요. 막내가 일어나라고 울먹이면 푸른눈은 겨우 일어나 서너 걸음 걷다 다시 풀썩 쓰러지고 말았지요.

푸른눈, 조심해! 099

"푸른눈, 조금만 더 힘을 내."

앞서 가던 점박이가 되돌아와 말했어요.

"못 갈 것 같아."

푸른눈이 힘없이 말했어요.

"안 돼. 저길 봐. 멈추면 저렇게 된다고."

점박이가 쓰러진 부경고사우루스를 가리켰어요. 부경고사우루스는 벨로키랍토르 무리에게 잔인하게 뜯기고 있었어요.

푸른눈도 그 모습을 보았어요. 푸른눈은 일어서려고 안간힘을 썼지만 끝내 일어설 수 없었어요.

"점박아, 날 두고 가."

"그럴 수 없어. 제발……."

점박이는 푸른눈이 일어설 수 없으리라는 걸 느끼고 있었어요. 하지만 푸른눈을 두고 갈 수 없었어요.

벨로키랍토르들이 서서히 다가오자 점박이는 울부짖었어요.

"푸른눈, 어서!"

점박이는 벨로키랍토르 무리를 막아 내기 위해 푸른눈을 가로막고 섰어요.

"덤벼라, 이 치사한 놈들아."

점박이의 사나운 울음에 벨로키랍토르 무리가 잠시 주춤거렸어요. 그러면서 그들은 점박이와 푸른눈을 날카로운 눈빛으로 살폈어요. 벨로키랍토르 우두머리는 푸른눈 뒤에 서 있는 새끼 두 마리를 보았어요.

벨로키랍토르 우두머리가 새끼를 가리키자, 무리들이 일제히 새끼들 쪽으로 움직였어요. 첫째와 막내는 두려움에 떨고만 있었어요.

점박이는 다가오는 벨로키랍토르 녀석

들을 몸으로 막고, 물어 던지고, 밟으며 정신없이 싸웠어요. 혼자서 그 많은 무리를 상대하려니 숨이 차고 힘들었어요.

'이대로 계속 싸우는 건 위험해.'

점박이는 새끼들을 데리고 도망쳐야 한다는 생각이 들었어요. 하지만 푸른눈을 두고 떠날 수 없어 점박이는 여전히 망설였어요. 그런데 그때 벨로키랍토르 무리가 또다시 푸른눈에게 달려들기 시작했어요. 점박이는 막 푸른눈을 물어뜯으려는 녀석을 입으로 물어 올렸어요.

그리고 내던지려는 순간, 다른 벨로키랍토르 녀석이 점박이의 다리를 물었어요. 점박이는 발버둥치며 녀석을 떨쳐 버렸어요.

"점박아…."

푸른눈이 가쁜 숨을 내쉬며 점박이를 불렀어요.

"어서 가. 여기 계속 있으면 새끼들이 위험해."

점박이 다리 아래에서 첫째와 막내가 몹시 떨고 있었어요.

점점 더 불어난 벨로키랍토르 무리가 점박이 가족을 빙 둘러쌌어요. 점박이는 푸른눈을 향해 고개를 끄덕였어요.

"미안해, 푸른눈."

점박이는 푸른눈에게 얼굴을 가져다 댔어요.

푸른눈은 스르르 눈을 감았어요. 점박이는 소리쳐 울고 싶은 걸 참으며 새끼들에게 속삭였어요.

"내가 뛰면 나를 따라 힘껏 뛰어라."

첫째와 막내는 점박이의 뜻을 알아챘어요.

점박이는 벨로키랍토르 무리를 매섭게 노려보았어요. 마치 금방이라도 달려들 듯이요. 점박이 쪽으로 가까이 다가오던 벨로키랍토르들이 발걸음을 멈추고 서로 눈짓을 했어요. 점박이는 발에

힘을 주었어요.

"공격!"

벨로키랍토르 무리가 한꺼번에 달려드는 순간, 점박이는 녀석들을 밀치고 달려 나갔어요.

첫째와 막내도 점박이와 바싹 붙어 달려 나갔어요. 점박이와 새끼들은 온 힘을 다해 뛰었어요. 벨로키랍토르 무리가 뒤쫓아 왔지요.

어느새 점박이 앞을 가로막는 녀석들이 나타났어요. 하지만 점박이는 멈추지 않았어요. 그 녀석들을 걷어차고, 머리로 박으며 계속 달렸어요.

꼬리에 매달리는 녀석은 꼬리를 흔들어 쳐 내면서 말이에요.

점박이의 공격을 피하면서 새끼들에게 달려드는 벨로키랍토르들도 있었어요. 하지만 점박이는 그 녀석들을 입으로 물어 올려 던져 버렸어요. 그러자 벨로키랍토르 무리가 점박이와 새끼들을 포기하고, 푸른눈 쪽으로 가 버렸어요.

"푸른눈!"

점박이는 푸른눈을 크게 불러 보았어요. 돌아올 대답이 없다는 걸 알면서도 푸른눈을 불렀어요. 너무 슬퍼서 푸른눈의 이름을 자꾸자꾸 불렀어요. 이제 푸른눈 없이 살아가야 한다는 게 믿기지 않았어요.

점박이는 하늘을 바라보며 길게 길게 울부짖었어요. 새끼들도 울부짖었어요. 하지만 어쩔 수 없었지요.

"가자."

점박이가 발걸음을 뗐어요. 그러나 새끼들은 움직이려 하지 않

앉아요.

"어서 가자."

점박이의 재촉에 새끼들은 발걸음을 뗐지만 자꾸자꾸 뒤돌아보았어요. 그러나 점박이는 뒤돌아보지 않았어요.

'나는 새끼들을 살려야만 해.'

점박이는 슬픔을 이기려고 이를 악물었어요.

09

새로운 희망을 찾아서

점박이와 새끼들은 푸른눈을 잃은 슬픔을 견디며 걷고 또 걸었어요.

"조금만 더 가면 초원이 있을 거야."

그 희망이 없었다면 걷지 못했을 거예요. 수백 킬로미터를 걸어오며 모든 공룡들은 그 희망 하나로 견뎠어요. 화산 대폭발로 살던 숲을 떠나온 지 어느덧 한 달가량이 되었어요.

지친 막내를 북돋우며 걷던 점박이는 앞서 간 부경고사우루스들의 함성을 들었어요. 언덕 위에 올라선 부경고사우루스들은 무엇을 발견한 듯 함성을 내지르고 있었어요. 그 함성은 기쁨에 가득 차 있었어요.

"얼른 가 보자."

점박이는 첫째와 막내를 데리고 부지런히 언덕 위로 올라갔어요.

"와!"

언덕에 오르자마자 점박이도 소리쳤어요. 언덕 아래로 바다가 펼쳐져 있었어요. 그리고 그 바다 너머로 푸른 초원이 보였어요. 가파른 길이지만 이 언덕의 벼랑길을 쭉 타고 내려가면 초원에 닿을 수 있었어요.

점박이와 새끼들은 벼랑길을 타기 시작했어요.

"내 뒤를 잘 따라와야 한다."

새끼들은 걱정 말라는 듯 폴짝거렸어요. 이제 곧 초원으로 가서 둥지를 틀고 살 생각을 하니 모두 발걸음이 가벼웠어요. 조금이라도 더 빨리 그곳에 닿고 싶은 마음뿐이었지요.

그런데 초원으로 가는 이 언덕 언저리에 둥지를 틀고 사는 공룡이 한 마리 있었어요. 티라노사우루스, 바로 애꾸눈이었지요.

애꾸눈은 웅크리고 앉아 공룡들의 대이동을 바라보았어요.

"먹이가 부족하던 참인데, 스스로들 찾아왔군."

사냥감을 고르기 위해 지나가는 공룡들을 살피던 애꾸눈은 점박이를 보았어요.

"아니, 이게 누구야?"

애꾸눈은 이를 갈며 눈을 번뜩였어요.

"그 사이에 새끼까지 두었군. 좋았어!"

애꾸눈은 발톱을 세워 땅을 긁었어요. 그리고 가파른 길을 내려가며, 지나가는 공룡들에게 마구 으르렁댔지요.

티라노사우루스를 본 공룡들은 놀라서 빠르게 달아나기 시작했어요. 그 바람에 가파르고 좁은 벼랑길이 뿌연 흙먼지로 가득했지요. 애꾸눈은 신이 나서 더욱 사납게 울부짖으며 뒤쫓았어요.

처음 보는 바다가 신기해서 벼랑 끝에 서서 아래를 내려다보던 첫째와 막내는 땅이 흔들리자 깜짝 놀랐어요. 갑자기 눈앞에 먼

지구름이 일고, 두두두 땅울림 소리가 나자 첫째와 막내는 어쩔 줄을 몰라 했어요.

"얘들아, 얼른 이리로 와."

점박이는 산 쪽으로 몸을 바짝 붙이며 새끼들에게 소리쳤어요. 하지만 새끼들이 점박이 쪽으로 미처 피하기 전에 공룡 무리가 달려와 사이를 가로막았어요. 새끼들이 공룡 무리에게 갇힌 꼴이 되었어요.

점박이는 어린 시절의 그 끔찍한 기억이 떠올랐어요. 공룡 무리에 떠밀려 벼랑 밑으로 떨어지던 누나들의 모습이 눈앞에 아른거렸지요. 점박이는 망설일 수 없었어요. 어린 날, 형이 점박이를 구하기 위해 그랬던 것처럼 점박이는 무리 속으로 뛰어들었어요.

"첫째야!"

"막내야!"

그러나 새끼들이 보이지 않았어요.

점박이는 그곳에서 새끼들을 찾아 헤매느라 다른 공룡들과 이리저리 부딪쳤어요.

떼로 밀어 대는 녀석들에게 밀리다가 점박이는 무리 밖으로 퉝

겨 나갔어요. 쿵, 쓰러진 점박이는 가물가물 정신을 잃었어요.

공룡들은 서로 먼저 가려고 떠밀고 뒤엉키다 벼랑 아래로 떨어지기도 했어요. 짓밟혀 죽기도 했고요. 애꾸눈은 뒤에서 그런 공룡들의 모습을 보며 즐거워하고 있었지요. 그러다 공룡들이 모두 지나가자 점박이 새끼들에게 다가왔어요. 그리고 벌벌 떨고 있는

첫째와 막내를 향해 머리를 휘둘렀어요.

다행히 막내는 애꾸눈의 머리를 피했어요. 그런데 첫째는 그 머리에 부딪혀 허공으로 떠올랐어요. 첫째는 벼랑으로 떨어지며 바위에 몸이 부딪쳤어요. 그리고 바다로 떨어지고 말았지요.

막내의 처절한 울부짖음에 점박이는 정신이 들었어요. 점박이는 막내에게 달려들려는 애꾸눈을 보고 벌떡 일어났어요.

"안 돼!"

점박이는 달려가 막내 앞을 가로막고 섰어요. 점박이는 불타오르는 눈빛으로 애꾸눈을 쏘아보았어요.

그리고 한발 한발 애꾸눈에게 다가갔어요. 애꾸눈은 점박이가 다가오는 만큼 조금씩 뒤로 물러서며 싸울 자세를 갖추었어요. 둘은 팽팽하게 맞섰어요.

점박이는 높이 뛰어오르며 애꾸눈의 목을 물었어요.

애꾸눈은 목을 빼내려고 온몸을 뒤흔들었어요. 하지만 점박이는 이빨에 점점 더 힘을 주었어요. 애꾸눈은 점박이를 떼어 내기 위해 몸을 굴렸어요. 그 바람에 점박이도 같이 뒹굴었지요.

뒹굴던 점박이는 그만 물고 있던 목덜미를 놓쳤어요. 애꾸눈은 피를 흘리며 점박이에게 달려들었어요. 둘은 서로 머리로 치고 박았어요. 점박이가 다시 한 번 애꾸눈의 목덜미를 노리는 순간, 애꾸눈이 휘두른 꼬리에 그만 막내가 맞고 말았어요.

"막내야!"

막내가 바다로 떨어졌어요. 점박이는 막내의 모습을 찾기 위해 절벽 끝으로 달려갔어요. 애꾸눈은 점박이를 밀어뜨리려고 다가왔지요. 그러나 점박이의 움직임이 조금 더 빨랐어요. 점박이는 달려드는 애꾸눈을 꼬리로 받아쳤어요.

애꾸눈은 중심을 잡지 못하고 휘청거리다 바다로 떨어졌어요. 그리고 바닷속으로 풍덩 빠졌지요.

"막내야!"

바다를 바라보며 점박이는 막내를 애타게 불렀어요. 그러다 막내의 모습을 찾았어요. 막내는 통나무를 붙잡고 물 위에 떠 있었

어요.

"막내야!"

그런데 애꾸눈이 막내 쪽으로 헤엄쳐가고 있었어요.

"막내를 구해야 해!"

점박이는 애꾸눈을 향해 바다로 뛰어내렸어요. 점박이는 온몸으로 애꾸눈의 머리를 내리쳤어요. 그러나 애꾸눈은 잠시 주춤거리더니 이내 점박이에게 달려들었어요.

　점박이와 애꾸눈은 세찬 물보라를 일으키며 뒤엉켜 싸웠어요. 둘은 서로 물어뜯었어요. 붉은 피가 물속에 흥건히 퍼져 나갔지요.

　바닷속에서 사는 공룡인 틸로사우루스가 그 피 냄새를 맡았어요. 몸길이가 30미터나 되는 틸로사우루스 두 마리가 피 냄새가 나는 곳으로 헤엄쳐 왔어요.

그러나 점박이와 애꾸눈은 할퀴고 물어뜯으며 싸우느라 틸로사우루스들이 다가오는 낌새를 알아채지 못했어요.

점박이가 애꾸눈의 목을 물고 비틀자 애꾸눈의 숨이 끊어지려 했어요. 그런데 그동안 겨우겨우 통나무에 매달려 있던 막내가 미끄러져 내리고 있었어요.

'조금만 더 물고 있으면 이 녀석의 숨통을 완전히 끊어 놓을 수 있는데…….'

아쉬웠지만 어쩔 수 없었어요. 점박이는 애꾸눈의 목을 놓고 막내를 구하려고 뒤돌아섰어요. 지칠대로 지쳤지만 애꾸눈은 이 기회를 놓치지 않았어요. 점박이의 등을 덥석 물었지요. 점박이는 발버둥쳤어요. 하지만 애꾸눈은 놓지 않았어요.

점박이는 등을 물린 채 몸을 돌려 다시 애꾸눈의 목을 물었어요. 온 힘을 다해서 꽉…, 또 꽈악! 애꾸눈의 눈에 힘이 빠지는 게 보였어요.

그때였어요. 물속에서 무엇인가 솟구쳐 올라왔어요. 틸로사우루스였어요.

틸로사우루스는 애꾸눈을 한입에 낚아챘어요. 그리고 멀리 사라졌지요.

점박이는 막내를 찾았어요.

"막내야!"

통나무에서 떨어진 막내는 허우적대고 있었어요. 애꾸눈과 싸우느라 헤엄칠 기운도 없는 점박이였지만 안간힘을 다하며 막내에게 다가갔어요. 그러나 막내에게 닿을 듯 닿을 듯하면서도 닿

지 못했어요. 막내는 자꾸 물살에 휩쓸려 갔고, 점박이는 점점 더 힘이 빠졌어요. 점박이는 물속으로 빠져들었어요. 정신을 잃기 시작했지요. 점박이는 눈을 감았어요. 그런데 막내의 울음소리가 들렸어요. 막내가 점박이를 부르며 울부짖고 있었어요.

"안 돼, 막내를 구해야 해."

점박이는 눈을 떴어요. 정신을 차리며 물 위로 몸을 솟구쳐 헤엄쳤어요. 그리고 허우적대는 막내에게 닿았어요.

점박이는 막내를 입으로 물어 올렸지요.

'어떻게든 저기로 가야 해.'

점박이는 푸른 초원을 향해 기를 쓰며 나아갔어요. 하지만 점박이는 또다시 정신을 잃고 말았어요. 모든 게 깜깜해졌지요.

그리고 얼마쯤 시간이 흘렀을까요? 점박이는 빛을 느꼈어요. 따사로운 햇살이 온몸을 포근히 감싸 주었어요. 끼룩거리는 소리도 들렸지요.

'해남이크누스 소리군. 곁에 온 것 같아.'

점박이는 눈을 뜨려고 했지만 떠지지 않았어요. 자꾸만 잠에 빠져 들었어요.

해남이크누스는 점박이 머리맡에 내려앉아 점박이가 죽었나 살았나를 살폈어요. 죽었으면 당장 뜯어먹으려고요. 바로 그때 죽은 줄 알았던 점박이의 머리가 들썩거렸어요. 그리고 점박이의 커다란 입이 벌어졌지요.

해남이크누스는 깜짝 놀라 도망쳤어요. 그런데 점박이의 입속에서 나온 건 막내였어요. 막내는 아빠 점박이의 입속에서 무사했던 거예요.

 막내는 점박이의 얼굴에 머리를 대고 비볐어요. 그래도 점박이는 기척이 없었어요.
 "아빠, 일어나요!"
 막내는 애타게 점박이를 깨웠어요. 한참 만에 점박이는 무거운 눈꺼풀을 간신히 떴어요.
 '막내구나, 우리 막내.'
 점박이는 눈을 뜨고 주위를 둘러보았어요. 해변이었어요. 점박이는 막내를 물고 어떻게 해변까지 왔는지 기억할 수 없었어요.

"살았어! 우리가 살았구나!"

점박이는 기뻐서 몸을 벌떡 일으켰어요.

"막내야!"

점박이는 주둥이로 막내를 쓰다듬었어요.

"소중한 내 새끼!"

점박이는 그리 멀지 않은 곳에 있는 푸른 초원을 바라보았어요.

"가자, 저곳으로!"

그러자 막내가 먼저 발걸음을 뗐어요.

점박이는 걸어가며 소망했지요. 저기 보이는 저 초원에 푸른 나무들이 무성하기를, 그곳에서 아늑한 둥지를 찾게 되기를, 그리고 이제는 행복한 일들만 펼쳐지기를 말이에요. 점박이와 막내의 등 위로 밝은 햇살이 비추었어요.

정박이 현감된 개공주 어린이 동화

초판 1쇄 발행 2012년 1월 19일 | 초판 17쇄 발행 2024년 6월 27일

글 이용규, 한상호 | 그림 EBS, 올리브 스튜디오, 드림써치 C&C | 리라이팅 홍윤희
발행인 이봉주 | 도서개발실장 안경숙 | 책임편집 한재준 | 편집 신미경
디자인 SALT&PEPPER Communications | 마케팅 정지운, 박현아, 원숙영, 김지윤, 황지영 | 제작 신홍섭
펴낸곳 ㈜웅진씽크빅 | 주소 경기도 파주시 회동길 20 (우)10881
문의전화 031)956-7523(편집), 031)956-7569, 7570(마케팅)
홈페이지 www.wjjunior.co.kr | 블로그 blog.naver.com/wj_junior | 페이스북 facebook.com/wjbook
트위터 @new_wjjr | 인스타그램 @woongjin_junior
출판신고 1980년 3월 29일 제 406-2007-00046호 | 제조국 대한민국 | 사용 연령 4세 이상
ISBN 978-89-01-14062-9 | 978-89-01-13705-6(세트)

© Olive Studio, EBS, Dream Search C&C All rights reserved.
웅진주니어는 ㈜웅진씽크빅의 유아·아동·청소년 도서 브랜드입니다.

이 책은 저작권법에 따라 보호받는 저작물이므로 무단전재와 무단복제를 금지하며,
이 책 내용의 전부 또는 일부를 이용하려면 반드시 저작권자와 ㈜웅진씽크빅의 서면 동의를 받아야 합니다.

잘못 만들어진 책은 바꾸어 드립니다.
※주의 1_책 모서리가 날카로워 다칠 수 있으니 사람을 향해 던지거나 떨어뜨리지 마십시오. 2_보관 시 직사광선이나 습기 찬 곳은 피해 주십시오.